5.-8. Schuljahr

Waldemar Mandzel

Bildimpulse mit Sprichwörtern

- Kritisch hinterfragen
- Eigene Meinung bilden

Lernen mit Erfolg
KOHL VERLAG

www.kohlverlag.de

Bildimpulse mit Sprichwörtern

Kritisch hinterfragen - eine eigene Meinung bilden

1. Auflage 2024

Inhalt: Waldemar Mandzel & Kohl-Verlag
Coverbild: Waldemar Mandzel
Illustrationen: Waldemar Mandzel
Redaktion: Kohl-Verlag
Grafik & Satz: Kohl-Verlag
Druck: Druckerei Flock, Köln

Bestell-Nr. 13 116

ISBN: 978-3-98841-190-7

Der vorliegende Band ist eine Print-Einzellizenz

Sie wollen unsere Kopiervorlagen auch digital nutzen? Kein Problem – fast das gesamte KOHL-Sortiment ist auch sofort als PDF-Download erhältlich! Wir haben verschiedene Lizenzmodelle zur Auswahl:

	Print-Version	PDF-Einzellizenz	PDF-Schullizenz	Kombipaket Print & PDF-Einzellizenz	Kombipaket Print & PDF-Schullizenz
Unbefristete Nutzung der Materialien	x	x	x	x	x
Vervielfältigung, Weitergabe und Einsatz der Materialien im eigenen Unterricht	x	x	x	x	x
Nutzung der Materialien durch alle Lehrkräfte des Kollegiums an der lizenzierten Schule			x		x
Einstellen des Materials im Intranet oder Schulserver der Institution			x		x

Die erweiterten Lizenzmodelle zu diesem Titel sind jederzeit im Online-Shop unter www.kohlverlag.de erhältlich.

Inhalt

Übersicht

Sprichwörter

Internationale Sprichwörter

Methodisch–didaktische Hinweise

Liebe Leserinnen und Leser,

ein Sprichwort ist eine allgemein bekannte, meist in einem einprägsamen Satz komprimierte Lebensweisheit, die häufig durch eine pointierte Ausdrucksweise erhöht wird. Die zeichnerisch dargestellten Situationen dienen dazu, einen Rede- oder Schreibanlass zu schaffen. Diese Impulsbilder sollen auch die Schüler aktivieren, differenzierte Sichtweisen und individuelle Interpretationen zu erarbeiten und führen zu einem Weg, eigene Alltagserlebnisse den entsprechenden Sprichwörtern zuzuordnen.

Die Bildimpulse wurden jeweils mit Denkanstößen oder Vorschlägen zum Umgang damit versehen. Einige Zeichnungen eignen sich zudem als Sprech- oder Schreibanlass im Fremdsprachenunterricht.
Die Hinweise können der Lehrkraft allein oder auch den Lernenden zur Erarbeitung der Inhalte zur Verfügung gestellt werden.

Die hier aufgeführten Lehrmethoden und Sozialformen bieten sich für den Einsatz der Bildimpulse besonders an. Sie sind jedoch nur Beispiele:

- Kurzreferat: Einzelpersonen oder Kleingruppen stellen ein passendes Thema zu einem Bildimpuls in einem Vortrag vor. Ebenso ist es möglich, das Kurzreferat nur in schriftlicher Form zur Beurteilung vorzulegen.
- Diskussion: Bei einer Diskussion kommen Lernende zusammen, die sich über ein Thema informiert haben. Sie tauschen sich über ein festgelegtes Thema aus. Dabei stellen sie ihre Auffassungen und Überzeugungen dar und vergleichen sie miteinander. Ziel kann es sein, in einem hohen Maß Übereinstimmungen zu erlangen.
- Gruppenpuzzle: Lernende eignen sich hier in einer Gruppe den Inhalt einzelner Teilbereiche an und werden somit zu Experten. Diese Experten verteilen sich dann wieder und erklären neu gemischten Puzzlegruppen ihre Erkenntnisse. Da in der Puzzlegruppe nun Experten zu verschiedenen Themen sitzen, erhalten die Lernenden hier weiteres Wissen.
- Mindmap: Inhalte und Wissen sollen mit Hilfe von Baumdiagrammen, d. h. unterschiedlich langen und verzweigten Strichen, visualisiert und ergänzt werden.
- Comicstrip: Für das Zeichnen eines Comics werden Inhalte vereinfacht gezeichnet und können mit kurzen Texten pointiert wiedergegeben werden.

Wählen Sie Methoden und Sozialform individuell aus. Ein visuelles, vielfältiges und nachhaltiges Lernerlebnis, das über das Faktenwissen und Auswendiglernen hinausgeht, ist so garantiert zu erreichen. So leisten die Illustrationen ihren Anteil an der Persönlichkeitsbildung.

Einen lehrreichen Einsatz der Bildimpulse und lebhaften Austausch wünschen Ihnen das Team des Kohl-Verlages und

Waldemar Mandzel

Brainstorming

Umsetzungsideen, Schlagwörter, Überschriften ...

Sprichwörter

Diskussion in Gruppen

- Beschreibe was du auf dem Bild siehst.
- Welches Sprichwort könnte dahinterstecken?
- Wie würdest du den Widerspruch des Bildes erklären?

Kurzreferat

- Warum ist der Spatz mehr Wert als die Taube?
- Kennst du Beispiele, die das Sprichwort bestätigen.
- Erzähle von deinen Erfahrungen.

Bildanalyse

- Was siehst du auf dem Bild?
- Deute den Gesichtsausdruck der Person!
- Was soll uns dieses Sprichwort vermitteln?

Kleiner Aufsatz

- Warum schaut die Katze so nachdenklich?
- Warum tanzen die Mäuse im Haus und nicht im Garten?
- Hast du eigene Erfahrungen zu diesem Sprichwort?

Kurzreferat zum Bild

- Welche Situation beschreibt das Bild?
- Kennst du ähnliche Begebenheiten?
- Was will uns dieses Bild sagen?

KOHL VERLAG BILDIMPULSE MIT SPRICHWÖRTERN – Bestell-Nr. 13 116

Brainstorming

Umsetzungsideen, Schlagwörter, Überschriften ...

Sprichwörter

Brainstorming

- Warum sieht man so viele Köche auf dem Bild?
- Erläutere Situationen in der Klasse, die mit dem Bild zu tun haben.
- Was bedeutet die Unordnung auf dem Tisch?

Kleiner Aufsatz

- *Beschreibe was du auf dem Bild siehst.*
- *Was könnte dieses Bild bedeuten?*
- *Nenne Beispiele aus dem Leben die mit dem Bild zu tun haben.*

Kurzreferat

- *In welche Gefahr bringt sich der Mann auf dem Ast.*
- *Warum warnt ihn der andere Mann?*
- *Warst du schon einmal in so einer Situation?*

Bildanalyse und Vorstellung im Plenum

- Was denkst du über dieses Bild?
- Was soll uns dieses Bild vermitteln?
- Wo könnte man dieses Sprichwort ständig finden?

Mindmap

- Dieses Sprichwort ist sehr lehrreich, warum?
- Erkläre die Bedeutung der Beschilderung.
- Warst du schon einmal in dieser Situation?

Brainstorming

Umsetzungsideen, Schlagwörter, Überschriften ...

Sprichwörter

Diskussion in Gruppen

- Ein Teil des Sprichworts beinhaltet das Gegenteil der Beschriftung.
- Erkläre die gegensätzlichen Proportionen auf dem Bild.
- Hast du die Erfahrung des Sprichwortes auch schon gemacht? Beschreibe!

Kurzreferat

- Wie könnte dieses Sprichwort heißen? Das auf dem Bild stehende ist nicht das Sprichwort.
- Bei welchem Ereignis ist es ein Brauchtum?
- Welches Scherbenmaterial siehst du auf dem Bild? Warum nur dieses?

Brainstorming

- Dieses ist Sprichwort ist sehr aktuell, warum?
- Warum wird der Vorwurf der Politik gemacht?
- Ist der Vorwurf gerechtfertigt?

Bildanalyse und Vorstellung im Plenum

- Warum ist der Mann im Vordergrund so glücklich?
- Was wollen die Menschen auf dem Bild in der Mühle?
- Beschreibe Situationen, die du hierzu kennst.

Kurzaufsatz

- Wo befindet sich der Esel?
- Was sagt uns dieses Bild?
- Das Sprichwort hat etwas mit Übermut zu tun. Nenne Beispiele.

KOHL VERLAG Lernen mit Erfolg BILDIMPULSE MIT SPRICHWÖRTERN – Bestel.-Nr. 13 116

Brainstorming

Umsetzungsideen, Schlagwörter, Überschriften ...

Sprichwörter

Kurzaufsatz

- Das Sprichwort ist aus dem Bild ersichtlich.
- Welche Wetterlagen findest du auf dem Bild?
- Trifft dieses Sprichwort nur auf den April zu? Thema Klimawandel!

Kurzreferat

- Welche Tageszeit siehst du auf dem Bild
- Warum kann der Vogel den Wurm fressen?
- Kennst du das Gegensprichwort?

Diskussion

- Wie viele Unglücke siehst du auf dem Bild?
- Das Sprichwort hat damit zu tun.
- Hast du diese Erfahrung auch schon einmal gemacht?

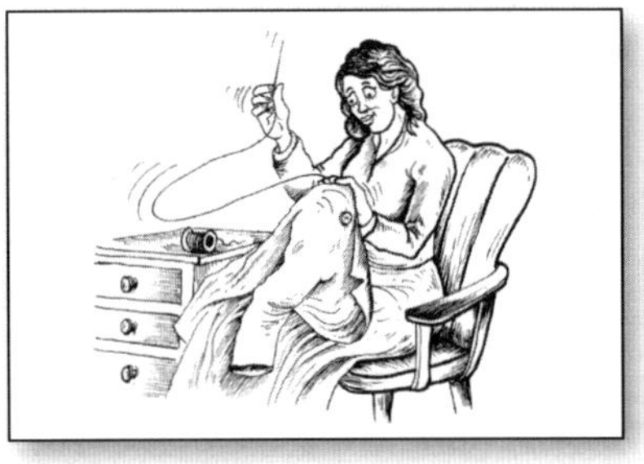

Brainstorming

- Beschreibe was du auf dem Bild siehst.
- Was näht die Frau an?
- Warum ist der Faden der Frau so lang?

Bildanalyse und Vorstellung im Plenum

- Warum hat das Huhn eine Brille auf?
- Was frisst das Huhn?
- Beschreibe wann und wo dieses Sprichwort zutrifft.

KOHL VERLAG BILDIMPULSE MIT SPRICHWÖRTERN – Bestell-Nr. 13 116

Brainstorming

Umsetzungsideen, Schlagwörter, Überschriften ...

Sprichwörter

Bildanalyse

- Wie könnte dieses Sprichwort heißen?
- Alle Wörter des Sprichworts sind im Bild sichtbar.
- Wann kommt das Sprichwort im Alltag vor?

Kurzaufsatz

- Was siehst du auf dem Bild?
- Was bedeutet dieses Sprichwort in der heutigen Zeit?
- Bringe Beispiele dafür!

Kurzreferat

- Welche Generationen siehst du auf dem Bild?
- Warum misst der Mann den Abstand des Apfels vom Baum?
- Hast du dieses Sprichwort in deiner Familie schon einmal gehört, warum?

Mindmap erstellen in Gruppen

- Was soll diese Bildbeschriftung aussagen?
- Ist dir das auch schon einmal passiert?
- Begründe das Sprichwort mit Beispielen!

Diskussion

- Warum hält sich der Mann die Ohren zu?
- Nenne Situationen in der es dir genauso ging?
- Welche Bedeutung hat das Sprichwort für die Menschen?

Brainstorming

Umsetzungsideen, Schlagwörter, Überschriften ...

Sprichwörter

Diskussion in Gruppen

- Auf wen könnte dieses Sprichwort zutreffen?
- Nenne Beispiele aus dem Alltagsleben und deine Erfahrungen.
- Nenne Beispiele aus der Politik und der Praxis der Länder.

Kurzreferat

- Wie könnte dieses Sprichwort heißen? Es geht um Teile des Kopfes
- Kennst du Beispiele aus deinem Privatleben.
- Wie passt dieses Sprichwort zu der heutigen Politischen Situation?

Kleiner Aufsatz

- Warum ist das dritte Bild das beste?
- Deute die Gesichtszüge des Malers, warum ändern sich diese?
- Nenne Beispiele aus deinem Leben zu diesem Sprichwort.

Bildanalyse in Gruppen

- Welche Jahreszeiten siehst du auf dem Bild?
- Wann kommen Schwalben in unser Land?
- Warum zeigt der Schneemann den Menschen den Vogel?

Diskussion

- *Was bedeutet der zerbrochene Krug?*
- *Kannst du eine Situation beschreiben auf die dieses Sprichwort zutrifft.*
- *Nenne Beispiele aus der Politik.*

Diskussion

- *Es gibt ein Spiel das beschreibt was du siehst. Wie heißt es? (Stille Post)*
- *Was ist das Gegenteil von Reden?*
- *Es ist ein deutsches Sprichwort mit zwei Bedeutungen. (Reden ist silber, schweigen ist Gold und das auf dem Bild stehende Sprichwort)*

Brainstorming

Umsetzungsideen, Schlagwörter, Überschriften ...

Internationale Sprichwörter

Diskussion in Gruppen

- Dieses Sprichwort aus Griechenland gleicht einem Deutschen.
- Im Deutschen sind es keine Hasen, sondern Menschen, welche?
- Ordnet dem Sprichwort das Deutsche zu.

Kleiner Aufsatz

- Aus Italien kommt das Sprichwort, was siehst du?
- In unserem Sprichwort wird dies mit zwei anderen Tieren illustriert.
- Erkläre die Unterschiede!

Brainstorming

- Dieses Sprichwort kommt aus Polen. Im Deutschen heißt das erste Wort „Ausnahmen“. (Ausnahmen bestätigen die Regel)
- Beschreibe die Bedeutung mit Beispielen.
- Finde Situationen, bei denen das Sprichwort stimmt?

Referat

- Ein Sprichwort aus China, erkläre was du siehst.
- Aus den Positionen der Personen kann man das Sprichwort ableiten.
- Kennst du Menschen, denen man das Sprichwort zuordnen kann? (Hochmut kommt vor dem Fall)

Diskussion in Gruppen

- Dieses französische Sprichwort gleicht welchem deutschen Sprichwort?
- Welche Farben kommen im deutschen Sprichwort für Reden vor?
- Wann und bei wem wird das Sprichwort im Deutschen angewendet?

Referat

- Das Sprichwort ist im Deutschen kürzer, es hat etwas mit Gier zu tun.
- Wie nennt man die Personen, auf die das Sprichwort zutrifft?
- Welchen Menschen sagt man dieses Sprichwort nach?

Sprichwörter

Eile mit Weile.

Sprichwörter

Lieber den Spatz in der Hand als die Taube auf dem Dach.

Sprichwörter

Wie man in den Wald hineinruft, so schallt es heraus.

Sprichwörter

Wenn die Katze aus dem Haus ist, tanzen die Mäuse auf dem Tisch.

Sprichwörter

Die Ratten verlassen das sinkende Schiff.

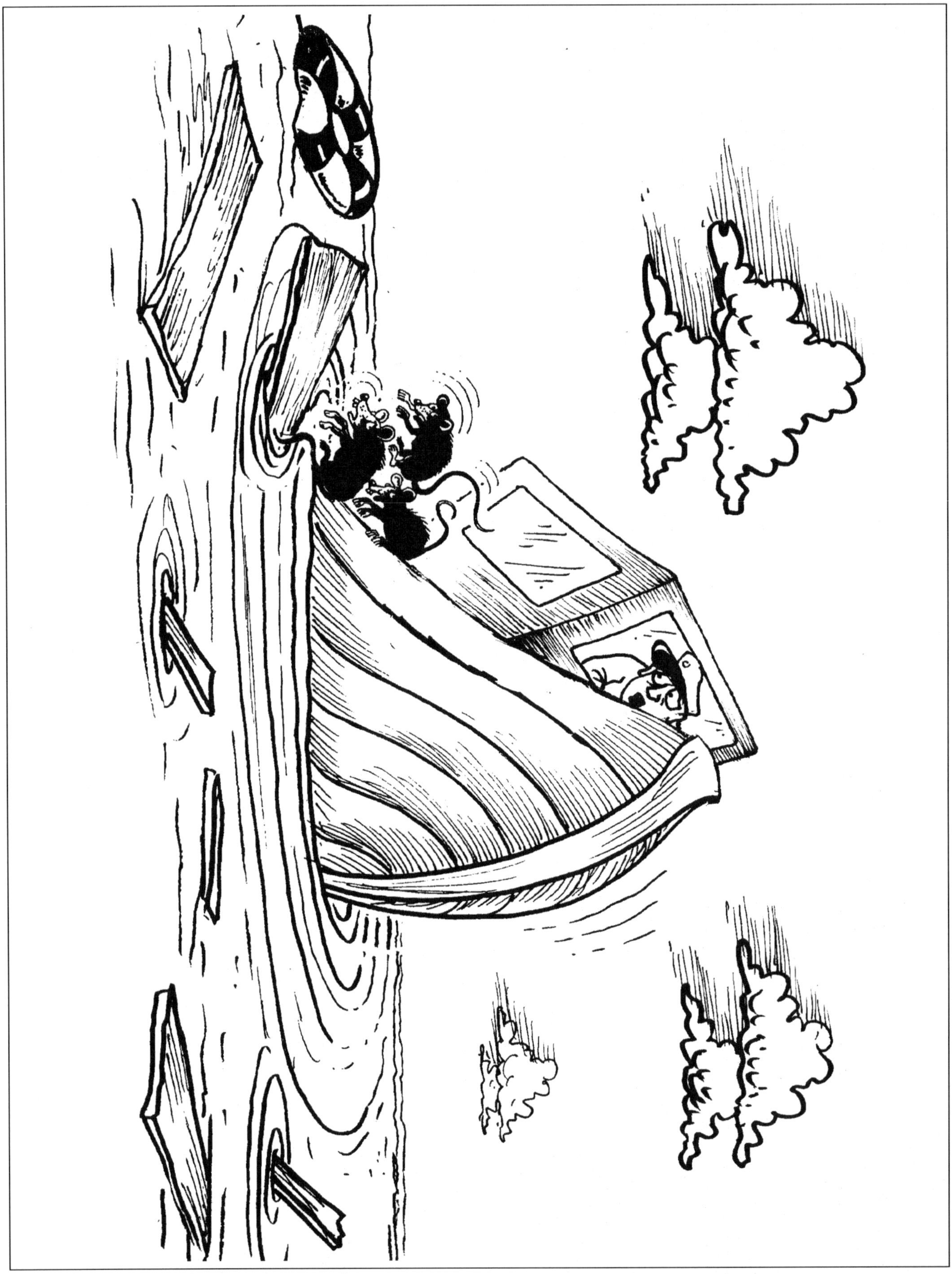

Sprichwörter

Viele Köche verderben den Brei.

KOHL VERLAG BILDIMPULSE MIT SPRICHWÖRTERN – Bestell-Nr. 13 116

Sprichwörter

Je höher man steigt, umso tiefer man fällt.

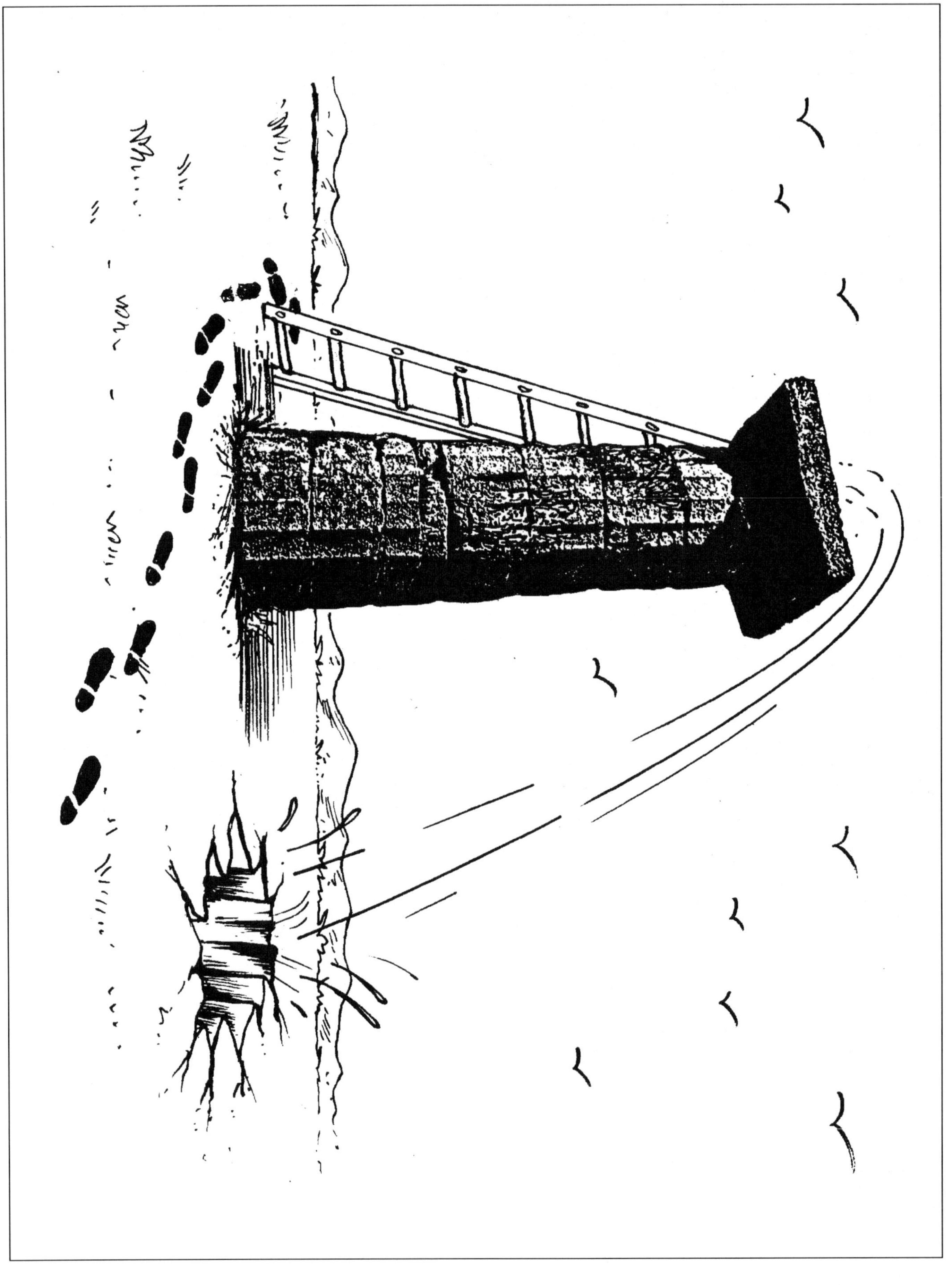

KOHL VERLAG BILDIMPULSE MIT SPRICHWÖRTERN – Bestell-Nr. 13 116

Sprichwörter

Man sägt nicht an dem Ast, auf dem man selber sitzt.

Sprichwörter

Wer selber im Glashaus sitzt, soll nicht mit Steinen werfen.

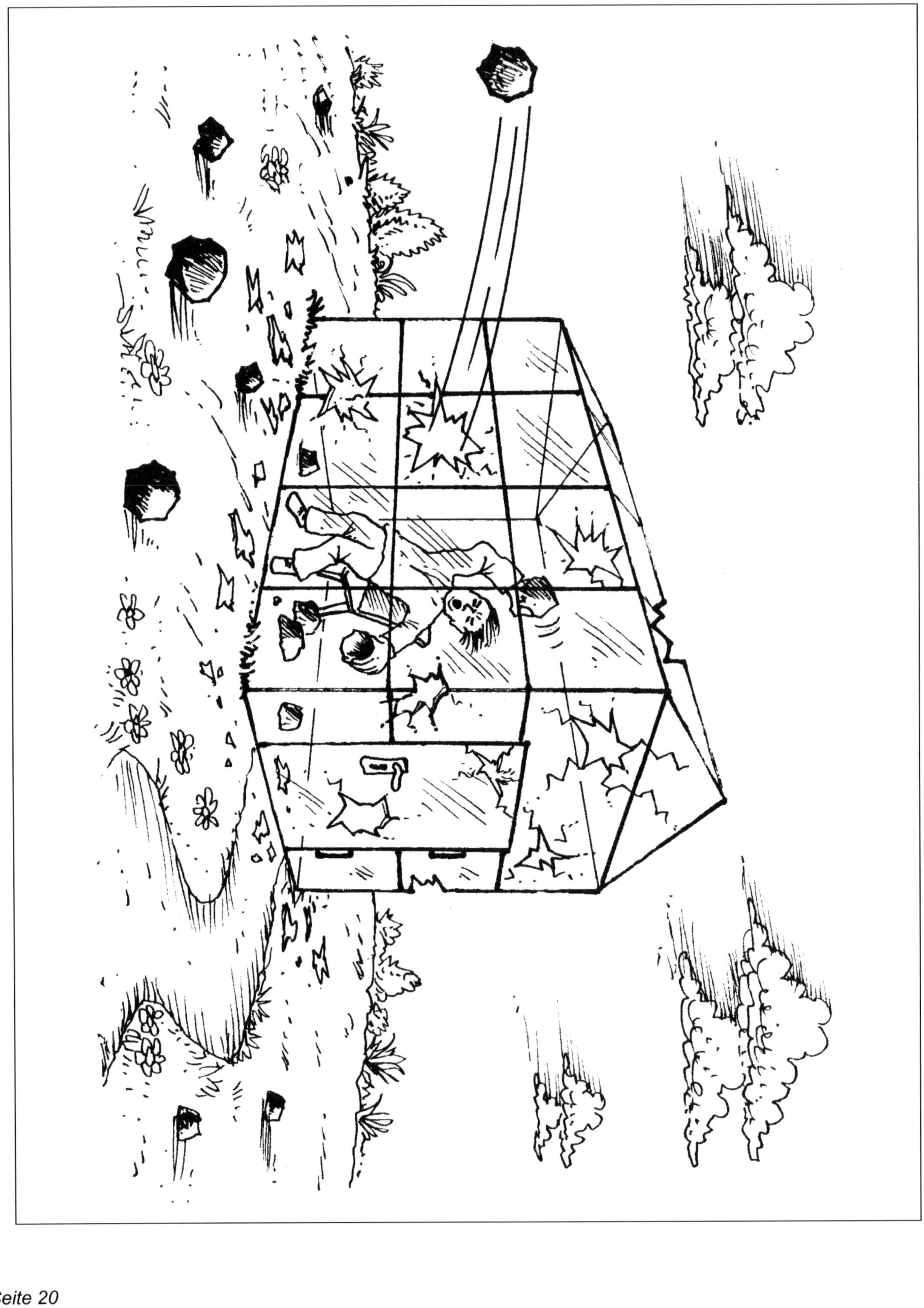

Sprichwörter

Alle Wege führen nach Rom.

KOHL VERLAG BILDIMPULSE MIT SPRICHWÖRTERN – Bestell-Nr. 13 116

Sprichwörter

Lügen haben kurze Beine.

Sprichwörter

Scherben bringen Glück.

Sprichwörter

Wer da hat, dem wird gegeben.

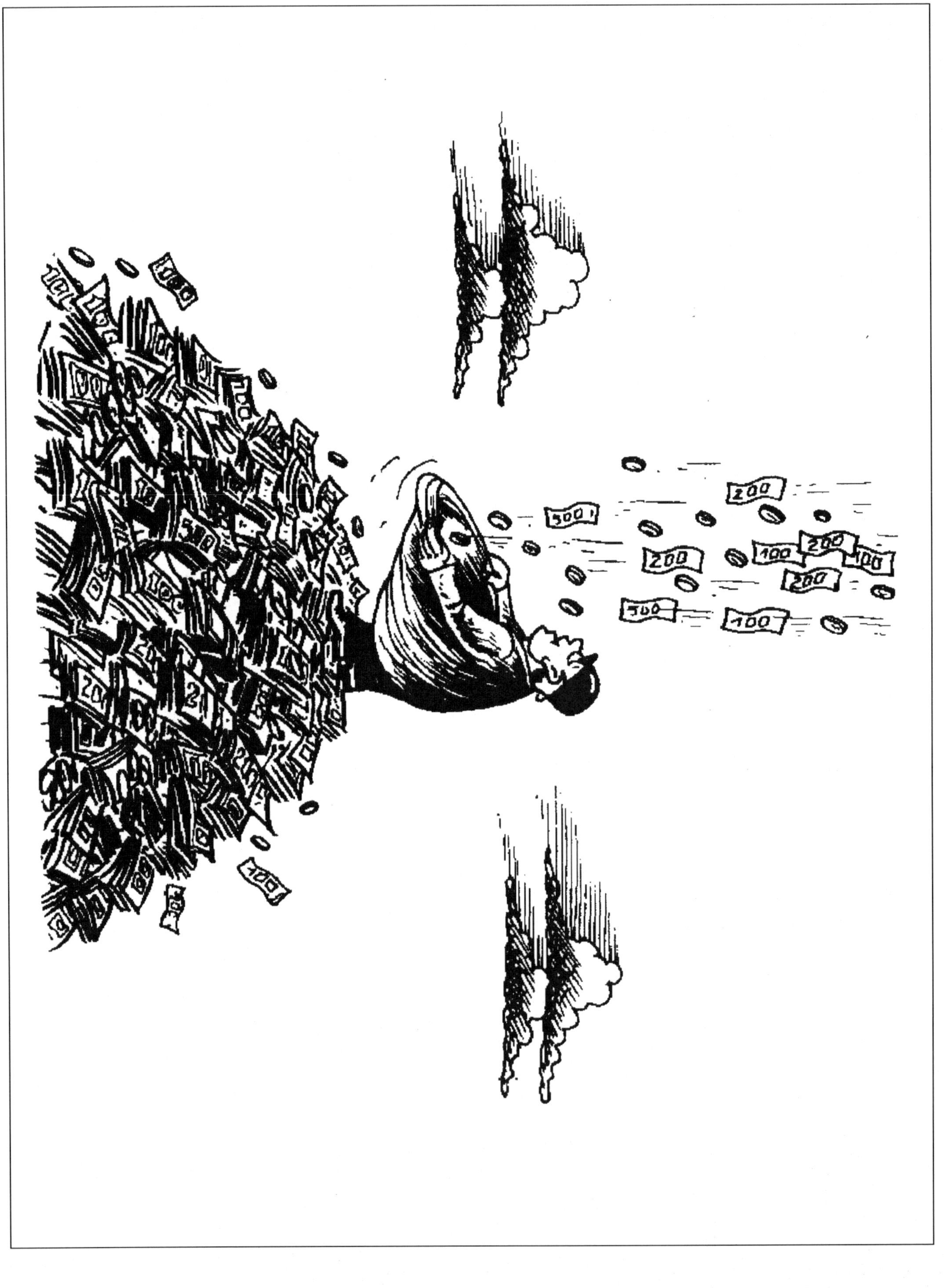

Sprichwörter

Wer zuerst kommt, mahlt zuerst.

KOHL VERLAG BILDIMPULSE MIT SPRICHWÖRTERN – Bestell-Nr. 13 116

Sprichwörter

Wenn es dem Esel zu wohl wird, geht er aufs Eis.

BILDIMPULSE MIT SPRICHWÖRTERN – Bestell-Nr. 13 116

Sprichwörter

April, April, der macht was er will.

Der frühe Vogel fängt den Wurm.

Sprichwörter

Ein Unglück kommt selten allein.

Sprichwörter

Langes Fädchen, faules Mädchen.

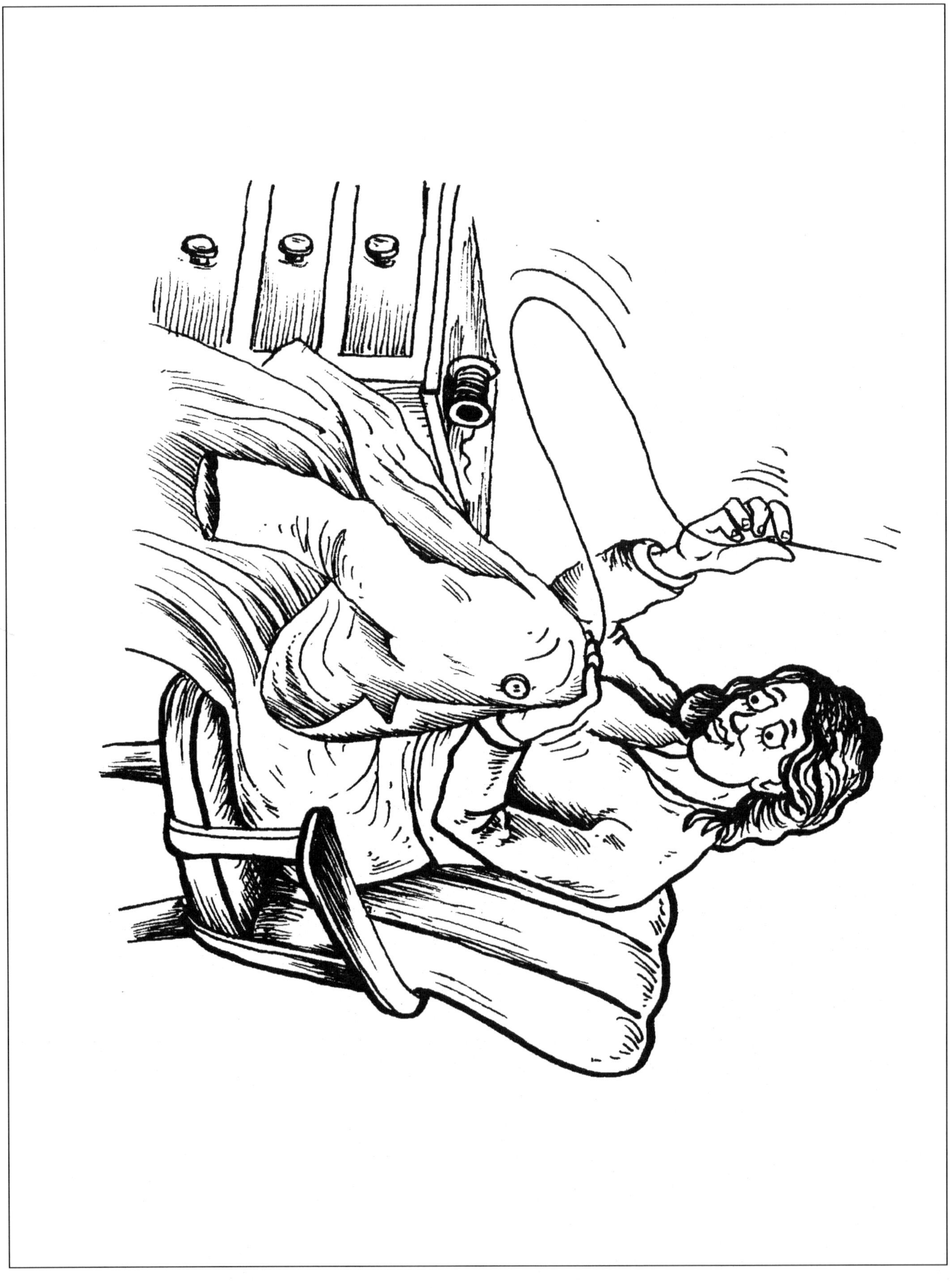

Sprichwörter

Ein blindes Huhn findet auch mal ein Korn.

Sprichwörter

In der Not frisst der Teufel Fliegen.

Sprichwörter

Perlen vor die Säue werfen.

Sprichwörter

Der Apfel fällt nicht weit vom Stamm.

Sprichwörter

Wer anderen eine Grube gräbt, fällt selbst hinein.

Der Ton macht die Musik.

KOHL VERLAG BILDIMPULSE MIT SPRICHWÖRTERN – Bestell-Nr. 13 116

Sprichwörter

Geld regiert die Welt.

Sprichwörter

Auge um Auge, Zahn um Zahn.

Sprichwörter

Übung macht den Meister.

Eine Schwalbe macht noch keinen Sommer

Sprichwörter

Der Krug geht so lange zum Brunnen bis er bricht.

KOHL VERLAG BILDIMPULSE MIT SPRICHWÖRTERN – Bestell-Nr. 13 116

Sprichwörter

Durch Sagen und Wiedersagen wird ein Geheimnis durch die Stadt getragen.

Internationale Sprichwörter (Griechenland)

Wer hinter mehreren Hasen herläuft, fängt keinen.

Internationale Sprichwörter (Italien)

Das Ei von heute ist mir lieber, als das Huhn von morgen.

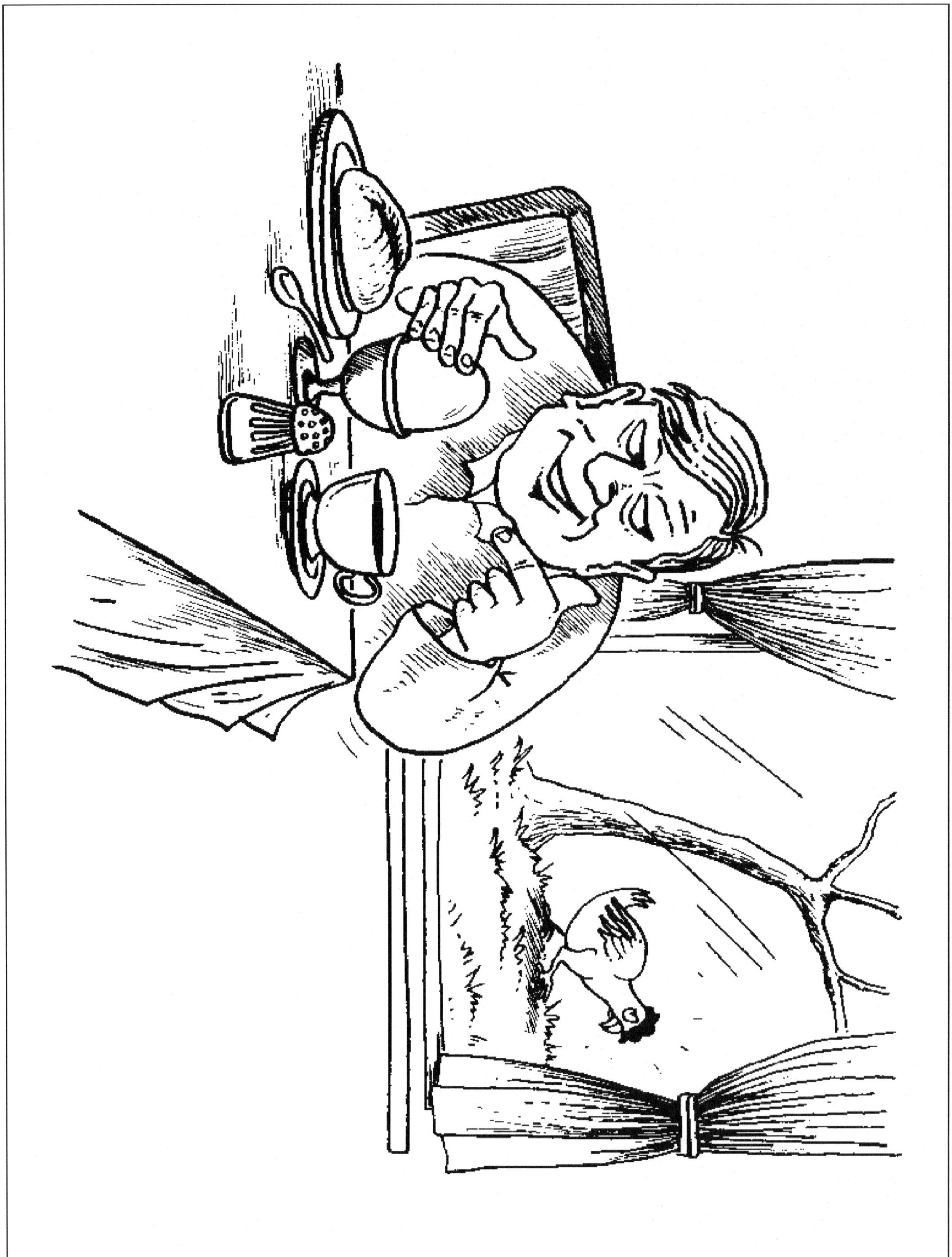

Internationale Sprichwörter (Polen)

Gesetze sind wie Spinnweben: Die großen Hummeln brechen durch, die kleinen Fliegen aber bleiben hängen.

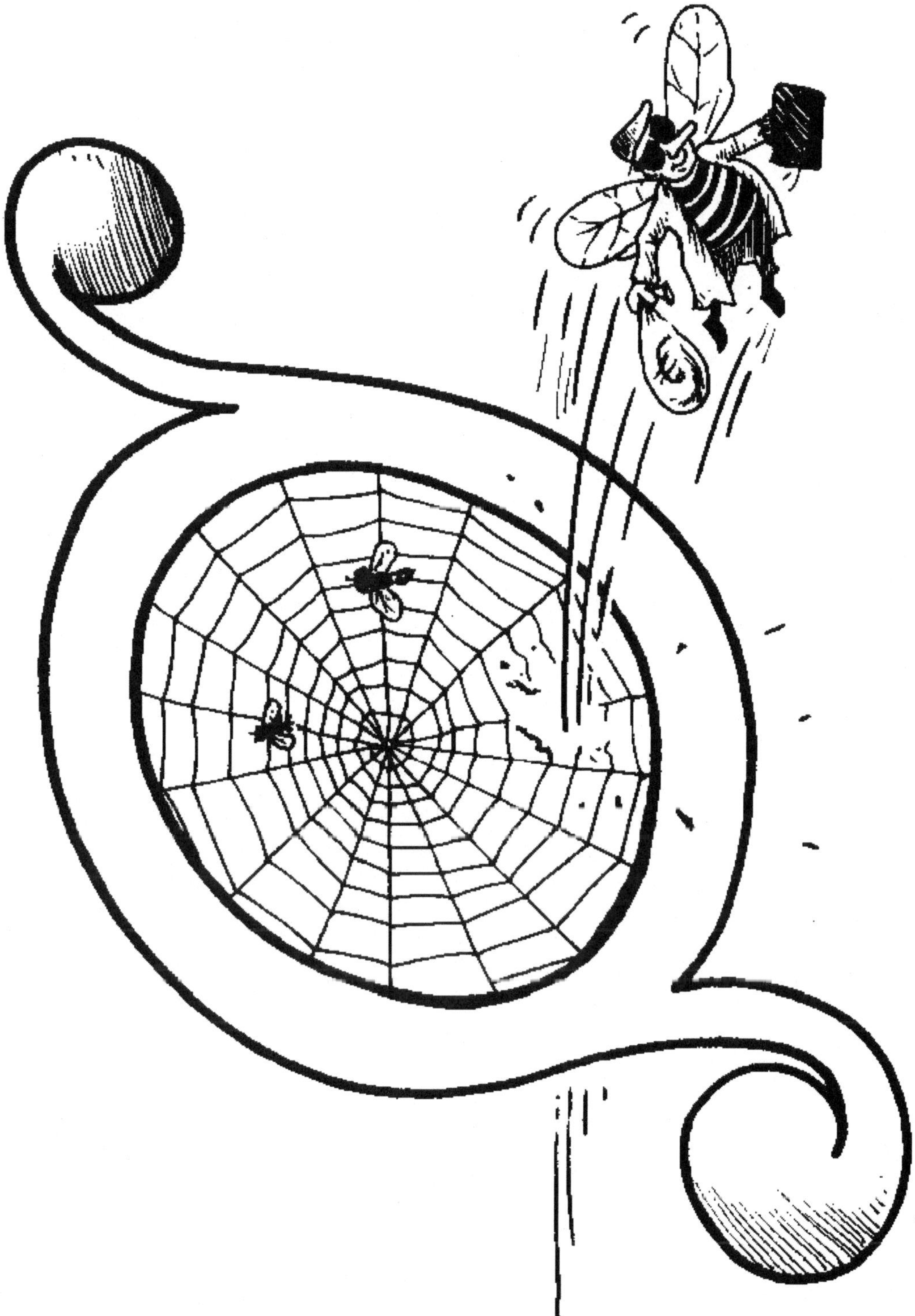

Internationale Sprichwörter (China)

Arm sein, ohne zu klagen, ist leichter als reich sein, ohne zu prahlen.

Internationale Sprichwörter (Frankreich)

Wer immer das letzte Wort haben will, spricht bald mit sich alleine.

Internationale Sprichwörter (Samoa)

Magst du auch aus dem Meer schöpfen, du bekommst doch nur so viel, als dein Krug fassen kann.